ALFRED POUSSIER

LES
BUREAUX DE CHARITÉ DE ROUEN
PENDANT LA RÉVOLUTION
(1791 — AN IV)

ANALYSE DES PROCÈS-VERBAUX DU BUREAU CENTRAL

ROUEN

IMPRIMERIE E. CAGNIARD (Léon GY, Succ.)

Rues Jeanne-Darc, 88, et des Basnage, 5

1912

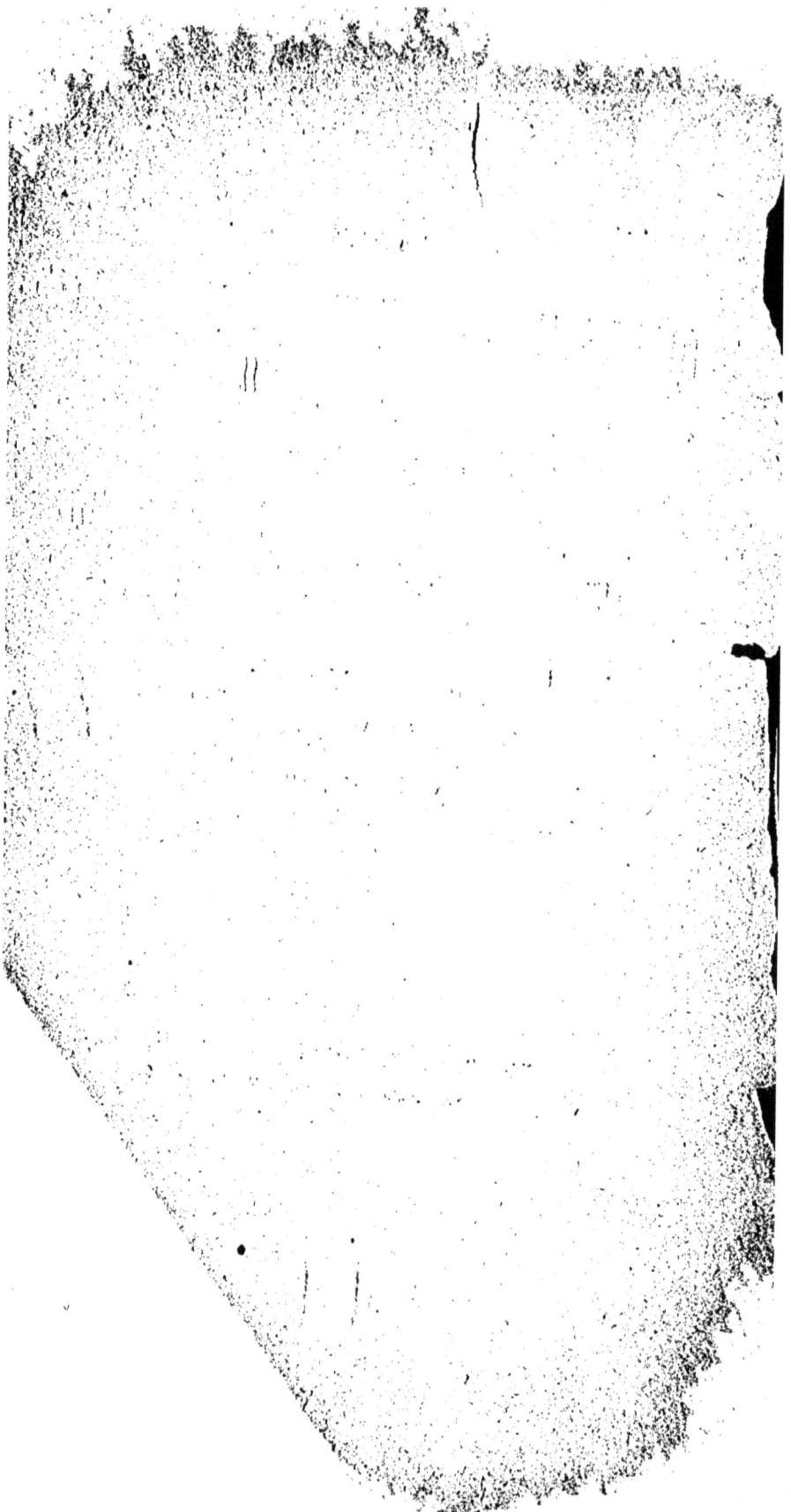

ALFRED POUSSIER

LES
BUREAUX DE CHARITÉ DE ROUEN
PENDANT LA RÉVOLUTION
1791 —. AN IV

ANALYSE DES PROCÈS-VERBAUX DU BUREAU CENTRAL

ROUEN

IMPRIMERIE E. CAGNIARD (Léon GY, Succr)

Rues Jeanne-Darc, 88, et des Basnage, 5

—

1912

Extrait du Bulletin de la Société libre d'Émulation du Commerce et de l'Industrie de la Seine-Inférieure

(Exercice 1911 — pages 161 à 218)

LES BUREAUX DE CHARITÉ

DE ROUEN

PENDANT LA RÉVOLUTION

(1791 — AN IV)

Analyse des Procès-Verbaux du Bureau central [1]

Par M. ALFRED POUSSIER

Archiviste de la Société

Cédant à l'élan de généreuse solidarité qui se produisit au début de la Révolution en faveur de la classe indigente, le Conseil général de la commune de Rouen, dans sa séance du 20 mai 1791, procéda à une réorganisation complète de l'assistance publique, en créant des *Bureaux de Charité.*

Il fut alors institué un *Bureau Central,* chargé de trouver les ressources nécessaires pour alimenter des *Bureaux particuliers* créés dans chaque paroisse.

Le Bureau Central, avec le Maire comme président, se composa au début de vingt et un membres : deux

[1] Il existe aux archives municipales une liasse (GO-A) contenant les rapports des Bureaux Particuliers et les comptes du Trésorier, complétant l'histoire de cette partie de l'Assistance publique à Rouen pendant la Révolution.

officiers municipaux, le procureur de la commune, cinq notables et treize citoyens, tous nommés par le Conseil [1].

Les Bureaux particuliers, qui devaient répartir directement les secours aux indigents, furent composés d'une douzaine de citoyens et du curé de la paroisse.

L'arrêté du 20 mai contenait également un règlement général pour la répartition des secours et les attributions des membres de ces différents bureaux. Il était spécifié qu'une délégation de chaque Bureau particulier serait tenue d'assister aux séances du Bureau Central, tant pour réclamer les sommes nécessaires pour l'achat des secours en nature à distribuer, que pour éclairer le Conseil sur diverses questions d'ordre particulier.

La mission du Bureau Central était beaucoup plus ardue étant donnés la situation critique de l'époque, le nombre toujours croissant de malheureux et la rigueur de la température qui sévit pendant deux hivers.

Néanmoins, ceux qui assumèrent le fonctionnement de cette œuvre furent toujours à la hauteur de leur tâche, grâce à leur dévouement sans bornes, leur inlassable activité, leur générosité et surtout aussi à l'ingéniosité dont ils firent preuve dans maintes cir-

---

[1] Ce furent : Ribard et Bornainville, off. munic. ; Vimar, procureur ; Montmeau, Berée, Rabasse, Hardouin et Maillard, notables ; et Néel, Rivette père, Mabire, Perrin, Bremontier, Payenneville l'aîné, L. Hurard, Delacroix, Mollien, Groult, Adam l'aîné, Renault et Le Vavasseur.

constances pour soulager la misère. On pourrait dire d'eux qu'ils méritèrent bien non seulement de la Patrie, mais aussi de l'Humanité.

1791

En 1791, du mois de juillet au mois de décembre, le Bureau central se réunit treize fois. Les séances avaient lieu dans la salle du Conseil général de la Commune, elles s'ouvraient à cinq heures et duraient environ quatre heures [1].

La séance d'installation eut lieu le 9 juillet et fut présidée, en l'absence du Maire (d'Estouteville), par Ribard, officier municipal, qui prononça un discours dans lequel il considéra la création des Bureaux de Charité « comme une émanation des sentiments de l'Assemblée Nationale et de ses vues bienveillantes vis-à-vis de la classe pauvre qu'elle a soustrait au joug barbare du fisc et de la tyrannie des hommes puissants » — il félicita ensuite les membres choisis par le Conseil général pour composer le Bureau Central. — ..... « Vos cœurs goûteront une sainte volupté à s'épandre dans le sein des indigents et le baume que vous verserez sur leurs peines en devien-

---

[1] L'analyse des procès-verbaux de cette Commission administrative est extraite d'un registre qui fut oublié dans les combles de l'*Hôtel de la Présidence*, lors du transfert de l'Administration municipale dans les bâtiments de l'abbaye de St Ouen. La *Société d'Emulation*, dans les archives de laquelle ce document s'était trouvé égaré depuis 100 ans, a bien voulu, lorsque je lui ai signalé cet oubli, m'autoriser à opérer le versement de ce registre aux archives municipales, où il est actuellement inscrit sous la cote 60 $\frac{A}{9}$ b.

dra délicieux pour vous-mêmes..... ». Il insista
ensuite sur le concours qu'apportait à l'établissement
des Bureaux, « l'Evêque, l'apôtre que la Constitution
nous a donné, qui, par ses vertus, rapproche de nous
les temps fortunés de l'Eglise primitive, ... la
lettre pastorale, qu'il vient de publier toute lumineuse
en principes sur l'aumône, va propager ce feu sacré
dans le cœur de nos concitoyens et de nos frères du
département..... ». Il termina en invitant le Bureau
à élire un Secrétaire-Trésorier. Auger, ancien chef
des Bureaux de subsistances est élu. — Son traitement sera de 1,200 livres et sa caution, qu'il devra
verser dans la quinzaine est fixée à 10,000 livres.
Auger, prévenu de la décision du Bureau accepte le
poste qui lui est offert et entre aussitôt en fonctions.

Des commissions nommées pour la prochaine séance
devront présenter d'abord des tableaux d'inscription
pour les indigents — et un rapport sur les moyens à
employer pour se procurer des fonds. Avant de se
séparer on vote l'impression dans le *Journal de Normandie* du discours de Ribard.

13 *juillet*. — Le plan des tableaux d'inscription
des indigents présenté fut adopté, et selon le rapport
fait par la Commission pour arriver aux moyens de se
créer des ressources, on arrêta qu'il serait fait :

1° Des quêtes dans les Eglises, dimanches et fêtes ;

2° Des quêtes domiciliaires quatre fois par an, aux
veilles des grandes fêtes ;

3° Des Assemblées de Charité : à Notre-Dame, à S. Ouen, à S. Vincent et à S. Jean ;

4° Qu'il y aurait dans chaque bureau un registre ouvert pour inscriptions annuelles ;

5° Que les curés seraient invités à prévenir leurs paroissiens que les produits des cierges, offrandes et dons, lors des baptêmes, mariages et inhumations seraient versés tous les mois à la Caisse des Pauvres ;

6° Que le produit des amendes et condamnations prononcées au profit des pauvres par les divers tribunaux serait versé également à la Caisse du Bureau Central ;

7° Qu'on aurait la faculté de souscrire au Bureau Central ou d'y faire ses aumônes.

20 juillet. — Il est décidé que pour donner au travail une direction plus uniforme, toutes les délibérations du Bureau Central seraient adressées aux Bureaux particuliers.

Un membre dont le nom n'est pas cité — propose de s'occuper du produit que pourraient donner les tentures pour les inhumations. — Cette proposition est prise en considération et la discussion en est ajournée *sine die*. On nomme une Commission chargée d'élaborer le préambule de la souscription à ouvrir conformément à l'art. IV de l'arrêté pris le 13.

30 juillet. — On lit plusieurs rapports sur le préambule de la souscription à ouvrir et le Procureur de la Commune est prié de dresser un arrêté en s'inspirant des diverses idées préconisées.

Un membre absent adresse une lettre au Bureau, indiquant le bénéfice que la caisse des pauvres pourrait tirer de la négociation des assignats donnés en échange de Bons. — On s'entendra pour cet objet avec les administrateurs de la Caisse patriotique.

20 *août*. — Le procès-verbal enregistre, à cette séance, la présence de la plupart des membres du Bureau Central et celle de nombreux membres des Bureaux particuliers.

Un membre signale que plusieurs paroisses jouissent de quelques rentes faites en leur faveur et dont le produit devrait être versé à la Caisse du Bureau Central. On décide sur l'avis du Procureur de la Commune qu'il sera adressé à chaque Bureau particulier une demande de renseignements sur ces revenus.

Le Procureur de la Commune annonce que les apothicaires, Arvers, paroisse N.-D. et Mezaize, par. S. Vincent, offrent de fournir gratuitement les médicaments nécessaires aux pauvres de leurs paroisses respectives. Après de chaleureux applaudissements, on délibère qu'une lettre de remercîments sera adressée à ces généreux citoyens, qu'on invitera les Bureaux particuliers de ces deux paroisses de se les adjoindre comme membres et que cette délibération du Bureau sera publiée dans le prochain numéro du journal de M. Milcent [1].

L'Assemblée désirant savoir le résultat de la souscription ouverte dans les Bureaux particuliers, des

[1] *Journal de Normandie.*

membres de ces bureaux répondent qu'aucun sous-
cripteur ne s'est encore présenté, il est alors délibéré,
que les Administ. des B. P. [1] devront présenter chez
chaque citoyen de leur paroisse le registre d'inscription, et en cas de refus d'y souscrire, de présenter
une bourse pour recevoir ce que la Charité destine
aux pauvres. Les sommes seront versées ensuite au
B. C. qui en fera la répartition.

Sur une question posée par un membre, le Trésorier déclare avoir en caisse 4,280 liv. — Après délibération on procède à la répartition suivante :

Paroisses : S. Maclou, 700 l. ; S. François, 300 l. ;
S. Nicaise, 500 l. ; Magdeleine, 120 l. ; N.-D., 800 l. ;
S. Denis, 400 l. ; S. Patrice, 250 l. ; et S. Sever,
300 l. ; total : 3,334 l.

[En tenant compte de la réunion de la par. S. Denis
à N.-D. et de S. François à S. Vivien [2], ainsi que de
la répartition de la population de la ville, surtout dans
les fauxbourgs, les 3 paroisses alors les plus chargées
d'indigents sont restées les mêmes].

Cette répartition de fonds était destinée à procurer
aux pauvres des objets de première nécessité.

Les commissaires sont invités à présenter à la prochaine séance des rapports sur la quotité des secours

[1] B. P. : Bureaux particuliers, et B. C. : Bureau Central.
[2] En 1701 la ville comptait 84,323 habitants et le recensement du
20 vendémiaire an III (10 oct. 1791) en accuse 75,032 seulement. Pour
grossir ce nombre on ajouta 248 cit. absents, 468 dans les prisons ou
ateliers, 1200 soldats qui devaient arriver, et pour arrondir le chiffre
on fit entrer en ligne de compte 1002 étrangers venus à la halle le
jour du recensement (une décade), ce qui donna 78,000 habitants. *Arch.
municip.*, liasse 242.

nécessaires à leurs paroisses et des ressources dont
elles jouissent. On prévient également ces commissaires que, conformément à la délibération du 13 juillet
précédent, il y aurait des quêtes dans les Eglises les
dimanches et fêtes à l'exception de toutes autres quêtes,
celles pour l'Hôpital Général duement autorisées,
exceptées : — elles auront lieu à la grand'Messe et
au Salut.

30 *septembre*. — M. Renault, membre du B. C.
dit qu'ayant eu le dessein d'offrir gratis un cent de
paille aux pauvres, il s'est adressé à M. Beaudoin,
homme de loi, qu'il savait en avoir à vendre. Son
marché fait, ce brave citoyen l'avait prié d'aviser le
B. C. qu'il en offrait gratis une même quantité pour
les pauvres.

Des témoignages de reconnaissance sont adressés
à ces deux bienfaiteurs.

Les Commissaires des paroisses déposent leurs
tableaux des pauvres, excepté ceux de N.-D., S. Godard et S. Sever dont le travail n'est pas terminé.

Sur la demande d'un membre, il est arrêté : que
la liste de souscription serait publiée portant la liste
des souscripteurs et le montant des aumônes, que le
nombre des pauvres serait indiqué ainsi que leurs
besoins et que ces tableaux seraient affichés à l'inté-
rieur des églises et renouvelés au besoin. — L'affi-
chage ne devant être fait que le 15 oct., ceux qui ne
voudraient pas voir leurs noms publiés devront en
faire part.

Le Trésorier annonce qu'il a reçu d'une dame Duclos, au nom des dames patriotes de S. François, une somme de 98 l. 18 s. provenant d'une quête faite au retour d'une cérémonie religieuse qu'elles avaient fait célébrer à Bonsecours. L'Assemblée applaudit au zèle des dames de S. François, et prie le Président de leur adresser une lettre de remerciements.

22 *septembre*. — Double distribution aux pauvres « pour les faire participer à la joye que procure l'acceptation de la Constitution ».

Il résulte de l'examen de 10 tableaux présentés qu'il faut 360,000 liv. pour les secours de première nécessité.

Un membre se plaint que les Curés négligent de faire les quêtes prescrites ; on réprimandera les administrateurs des B. P., ceux-ci rendront compte de l'état des choses à la séance du 15 oct.

En mémoire de l'acceptation de la Constitution, MM. Guttinguer et Cⁱᵉ font un don de 400 l., — une mention honorable sera inscrite au procès-verbal.

Le Procureur donne lecture d'un travail de M. Néel : 1° sur le bénéfice qu'on pourrait tirer des tentures des inhumations ; 2° des objets divers devant être vendus par le district et de l'avantage de pouvoir traiter avec les Ad. de l'Hôtel-Dieu pour acheter des quantités de couches. — M. Néel est félicité, on le nomme, conjointement avec Renault, commissaire pour s'occuper de ces objets et en faire rapport à la prochaine séance.

15 *octobre*. — Don de 300 l. par l'Administration
do la Caisse patriotique ; — chaque mois elle fera
tenir 1,000 l. à la Caisse des Pauvres. — Remerciements.

Le Procureur réclame la situation des B. P. des
13 paroisses. Elles sont présentées sauf celles de
S. Vincent et S. Eloy, dont les commissaires sont
absents.

On alloue provisoirement : à S. Ouen, 1,405 l. 8 s.
7 d. ; à S. Vivien, 1,274 l. ; à S. Nicaise, 1,190 l. ;
à S. François, 583 l., et à S. Sever, 400 l. Total :
4,852 l. 8 s. 7 d.

Comme suite au rapport de MM. Néel et Renault,
concernant la fourniture des couches et la vente do
divers objets par le district, il est délibéré que par la
voie du Journal une invitation serait faite aux tour-
neurs et menuisiers de venir conférer avec Néel et
Milcent, et que le Président écrirait au Directoire du
district pour appuyer la demande des commissaires.
Pour la question des tentures d'inhumation on adjoint
deux nouveaux membres au commissaire pour exa-
miner le plan proposé.

22 *octobre*. — Sur la requête du Procureur on
statue sur les demandes de secours urgents formulées
par les B. P., l'approche de la saison rigoureuse l'exi-
geant impérieusement : ces secours consistent en
couches, couvertures, draps, paillasses, chemises et
layettes. L'Assemblée trouve que les draps ne sont
pas des objets de première nécessité et qu'il y a lieu

de distribuer aux différentes paroisses (S. Denis ne figure pas dans la liste) : 479 couches, 676 paillasses, 945 couvertures, 1,880 chemises, 266 layettes. L'Assemblée insiste pour que ces secours soient donnés d'une façon uniforme dans chaque paroisse, tant dans le mode de distribution que dans la qualité des objets à fournir pour éviter la jalousie parmi les pauvres.

Une Commission est nommée pour l'achat de toiles pour les draps, chemises et paillasses ainsi que pour les couches dont le prix est fixé de 5 l. à 5 l. 10 s. M. Le Carpentier achètera les couvertures qui seront de poil de bœuf écrûes — le prix en est fixé de 50 s. à 3 l.

Un membre propose de marquer ces différents objets afin d'en conserver la propriété à la Commune, les indigents n'en ayant que l'usufruit. — Il en sera délibéré ultérieurement.

12 *novembre*. — Le bureau de S. Ouen demande que la toile destinée à faire des chemises lui soit livrée sans être coupée à cause des différentes tailles. — Rabasse, commissaire nommé pour l'achat de la toile, dit qu'il a fait marché pour la fourniture des chemises et paillasses toutes coupées, et que par ce moyen les Administ. n'auront « que le soin d'exciter la charité des dames de leurs paroisses pour faire usage de l'aiguille, ce qui sera une grande économie ». La chemise revenait entre 3 l. 16 et 5 l. 15 selon la taille; la façon reviendrait à 5 s. par chemise. — Le four-

nisseur, un s^r Signol, accorde 4 mois de terme, avec condition réciproque et un escompte de 1 1/2 0/0 s'il est payé d'avance. Il tiendra compte également de l'augmentation ou de la diminution du prix de la toile. Des échantillons sont prélevés.

Pour la paille, les commissaires désignés pour l'achat, déclarent qu'ils la mettront à couvert chez eux, où les Bureaux pourront s'adresser pour en prendre livraison.

Pour les couvertures, le commissaire délégué dit que les manufactures sont débordées par les commandes et qu'ils ne peuvent en fournir aux Bureaux que 200 par semaine.

Le Président dit qu'il savait que le département sollicitait de l'Assemblée nationale une partie des 7 millions restant sur les 15 millions votés pour les pauvres et qu'il croyait le moment favorable pour que le B. C. sollicitât de nouveaux secours auprès du départ'. — On délibère qu'une pétition sera adressée le jour même.

On délivre ensuite 5,664 l. 19 s. 6 d. aux paroisses de Ste Madeleine, S. Jean, S. Sever, S. Ouen, S. Nicaise et S. Vivien, sur la demande de leurs délégués.

M. Néel annonce qu'il a pu obtenir du Directoire du District la cession d'objets repostés aux Jacobins.

On donne lecture ensuite du rapport sur les tentures pour inhumations, — il est adopté ; il sera rédigé un arrêté à ce sujet.

On décide que les objets fournis aux pauvres porteront la marque B. C. et au-dessous le numéro de la paroisse.

Avant de se séparer, on lit la pétition qui sera adressée au Directoire du District.

10 *décembre*. — La séance est présidée pour la première fois par de Fontenay, maire [1].

Invitation est faite aux commissaires des paroisses de faire connaître le montant des souscriptions.

Le procureur lit un travail de M. Néel, dans lequel il fait part qu'il a pu obtenir les bancs supprimés de la paroisse S. Jean et qu'il en a fait faire des couches qui reviennent de 1 l. 15 s. à 2 l. — Il se propose d'en faire autant de tous les bancs retirés des églises. M. Néel est remercié et on le prie de solliciter de diverses fabriques la cession gratuite des bancs qui leur appartiennent pour en faire des couches pour les pauvres.

Le Maire dit qu'il serait utile que les comptes des B. P. soient vérifiés et contrôlés avec la caisse du Trésorier.

On procède à une distribution de secours aux paroisses de S. Maclou, S. François et S. Patrice = 1,990 l. 12 s.

Les commissaires rendent compte de leur mission

[1] Il venait d'être élu maire le mois précédent. — On pourra constater par la suite combien les Maires, présidents de droit du B. C., se sont intéressés, malgré les lourdes et multiples occupations de leur charge à cette époque, aux questions d'Assistance publique ; de Fontenay et ses successeurs ont presque toujours présidé les séances du B. C. et y ont pris la parole.

près du Directoire du district — on leur a dit que leur pétition était prise en considération, mais depuis ils n'en ont plus entendu parler : on décide de renouveler la démarche.

On règle un différend entre le Bureau de la Madeleine et des boulangers de cette paroisse ayant reçu des cartes provenant d'autres bureaux.

17 décembre. — Présidence du Maire. — La caisse du trésorier, après balance faite, accuse 3,329 l. 11 d. d'excédent d'après le rapport des commissaires. Le rapporteur signale la clarté et la simplicité des tableaux fournis pour le B. de la Madeleine, il les propose comme modèle à suivre dans les autres bureaux.

M. Lambert, membre du B. C., donne lecture d'une pétition qu'il a rédigée pour être présentée au Conseil général de la Commune, afin d'obtenir des secours pour la Caisse des Pauvres : après lui avoir adressé des remerciements, l'Assemblée arrête qu'il voudra bien, avec M. Guéroult, présenter une pareille requête au Directoire du Départ' et à l'Administration de la Caisse patriotique.

Le même Lambert donne lecture du projet d'arrêté suivant, concernant les tentures mortuaires :

PRÉAMBULE

Le Bureau Général de l'Administration de Charité de Rouen, considérant l'étendue des sommes dont il a besoin pour subvenir autant qu'il lui est possible à la dépense nécessaire au soulagement des pauvres de la cité et aux encouragements dont leur travail a besoin, et voyant avec douleur combien la dureté des tems et plus encore celle que fait naître la diversité des opinions diminue les ressources et qu'il n'en est aucune à négliger pour lui, n'a pu voir qu'avec satisfaction un de ses membres lui proposer de faire de ses fonds une avance considérable pour mettre en activité un Etablissement qui, sera encouragé par tous les bons Citoyens, et qui, en ne leur présentant aucune augmentation de dépense, leur donnera la certitude qu'en rendant à leurs parents défunts les derniers devoirs, ils feront encore une œuvre de Charité par la seule préférence qu'ils donneront à l'Etablissement agréé par l'Administration des Pauvres, a délibéré et arrête ce qui suit :

1° Le B. C. formera un Etablissement pour les fournitures des tentures, draps de corps et autres objets nécessaires aux enterrements ;

2° Le Bureau accepte avec reconnaissance la proposition de M. Néel, un de ses membres, de faire les premiers frais de cet établissement pour ce qu'il s'en remplira sur les premiers produits ;

3° Les objets seront déposés en un magasin à la disposition du B. C., et confié à la garde d'un homme sûr qui en dirigera l'usage et les tiendra en état de propreté ;

4° Les appointements du préposé seront réglés par le B. C. sur la proposition de M. Néel, qui a bien voulu se charger de la direction de l'établissement ;

5° Chaque personne écrira les sommes qu'il payera sur un registre dont le préposé sera porteur...... Tous les mois il comptera de sa recette au Sec.-Trésorier, en présence du Directeur ;

6° Le préposé fera aussi, lorsqu'il en sera requis, les publications à son de trompe et cri public, le service de la clochette pour revendiquer les objets égarés, il comptera du produit comme en l'article précédent ;

7° Il portera une Boette en giberne fermant à clef, en forme

de bandoulière, — sur la bande de devant sera écrit : « Bureau Central de Charité », — cette boitte sera destinée à cueillir les aumônes et donations volontaires faites aux pauvres ;

8° L'établissement sera rendu public par un Ecriteau indicatif mis sur la porte du Bureau, par des affiches imprimées, et par voye du journal du département ;

9° Le présent arrêté sera envoyé à MM. les Curés des paroisses et desservants des succursales avec invitation d'en faire lecture au Prosne.

L'assemblée vote des remerciements à Néel.

Il est alloué sur demande 384 l. 13 s. 6 d. à la paroisse S. Oüen.

31 *décembre*. — Divers délégués des B. P. sollicitent une augmentation de secours en couvertures, paillasses et couches. Le B. C. qui s'était particulièrement occupé de ces objets répond : 1° que M. Néel, chargé de la surveillance du travail et de la livraison des couches, ayant déclaré que les livraisons de ces meubles aux diverses paroisses n'étaient pas encore faites à beaucoup près, il ne pourrait être fait de nouvelles distributions avant que les quantités allouées aux paroisses aient été faites ; — 2° qu'une nouvelle commande de 333 paillasses serait faite et qu'elles seront réparties aux diverses paroisses ; 3° qu'il serait procédé à une distribution de 400 couvertures en supplément.

Les paroisses de S. Vivien, S. Sever et S. Nicaise reçoivent 2,915 l. 15 s. 6 d. des mains du Trésorier.

Signol, fournisseur des paillasses, convoqué à la séance pour la nouvelle commande de paillasses, déclare que par suite d'une augmentation survenue sur le prix de la toile, il ne pourra fournir ces objets au même prix. Une Commission est nommée qui devra s'entendre avec lui pour les prix à débattre.

La question des tentures mortuaires revient sur le tapis : on décide de faire prêter serment au Crieur juré devant le tribunal de district.

1792

19 *janvier*. — On réclame les comptes de gestion des B. P., le trésorier déclare n'en avoir reçu que 6. On décide d'écrire aux retardataires pour les leur réclamer et en même temps pour les engager à réclamer les souscriptions faites dans leurs paroisses.

Un sieur Marc, sans y être appelé, se présente devant le B. C. et lit une déclaration de M. Blanquet, cy-devant curé de S. Maclou, concernant des réclamations d'un sieur Bourgeaux, sur la Caisse des Pauvres. Il demande acte du dépôt qu'il fait de sa pièce sur le bureau : — l'Assemblée le laisse libre de faire sa déposition, mais ne prendra l'objet de la réclamation en considération que lorsqu'elle aura en mains des pièces justificatives.

Le Président lit un mémoire du B. P. de N.-D., relatif à l'abolition de la mendicité; on décide que cette question n'est pas de la compétence du B. C., l'Assemblée Nat. s'occupant actuellement de cet objet, tout en faisant l'éloge des vues présentées dans le mémoire.

2

M. Néel fait part que la fabrique de S. Jean d'El-
beuf désire vendre des bancs : il est arrêté qu'on les
achètera après estimation faite par 2 menuisiers et
qu'ils seront convertis en couches. — Le même
membre propose de faire vendre au profit des pauvres
les objets déposés aux Jacobins. — Accordé.

3 *février* (l'an IV de la Liberté). — Il est délivré
par le trésorier 6,273 l. 10 s. aux paroisses de
S. Patrice, S. Vivien, S. Sever, Ste Madeleine,
S. Ouen, S. Nicaise, S. Godard et S. François.

Les prix des paillasses sont ainsi fixés, façon com-
prise, 4 l. 15 s., 6 l. et 7 l. selon les tailles, au lieu
de 4 l. 10, 5 l. 1 et 6 l. 1 s. Le prix des chemises
de 3 l. 8 s. au lieu de 55 s.

Il est réparti entre S. Ouen, S. Eloy, S. Sever,
S. François, S. Vivien, S. Maclou et S. Godard,
439 paillasses et 435 couvertures.

M. Marc, délégué par le B. P. de S. Godard,
prie l'Assemblée de bien vouloir s'occuper de la réclamation de M. Blanquet, concernant les sœurs de
S. Maclou. Après lecture de la pièce, on décide qu'il
ne sera fait droit à la demande du sieur Bourgeaux
que lorsqu'il aura justifié de titres en bonne forme.

M. Payenneville annonce que la Caisse Patriotique
consentait à l'emprunt que la Municipalité était auto-
risée à lui faire sur les sols additionnels.

Un membre se plaint que jusqu'alors on n'avait
retiré aucun bénéfice des aumônes consenties dans les
Tribunaux des juges de paix, et qu'il était certain

qu'elles devaient se monter à un chiffre élevé ; — Le Secrétaire est chargé de se renseigner auprès du greffier.

5 *mars*. — On délivre une somme de 8,412 l. 14 s. 9 d. aux paroisses de S. Ouen, S. Godard, S. Patrice, S. Maclou, S. Vivien, S. François, S. Sever.

Le Trésorier est en outre autorisé à rembourser au sieur Carpentier le prix des couvertures qu'il a fait venir de Lisieux.

Le même Carpentier informe le Bureau qu'un sieur Thomas, chirurgien, réclame 30 l. pour avoir remis une jambe cassée à un enfant de parents assistés à S. Maclou. On charge le sieur Carpentier de régler le chirurgien, en essayant toutefois d'obtenir une diminution sur la somme à payer.

Adam, l'aîné, appelle l'attention du Bureau sur les Assemblées de Charité qui devaient être faites aux approches des fêtes solennelles à N.-D., S. Ouen, S. Jean et S. Vincent ; il dit que vers Noël dernier, une Assemblée avait été faite à N.-D. et qu'il fallait arrêter dans quelle paroisse aurait lieu celle de Pâques : on décide que le sermon de charité aura lieu à S. Ouen, et qu'on préviendra le Curé afin qu'il prenne les mesures qu'il jugera convenables.

M. Carpentier demande au sujet de l'affaire Blanquet, si le B. P. de S. Maclou peut être autorisé à payer « l'espèce de salaire attribué à la 7e sœur de la Communauté du Travail », — on discutera la question quand le sieur Blanquet aura présenté ses registres.

Plusieurs délégués des B. P. demandent quels moyens ils devront employer pour procéder à l'habillement des enfants devant faire leur première communion. Les délégués, à l'exception de celui de S. Ouen, n'ayant pu indiquer le nombre des enfants à habiller et « le degré d'habillement qu'il conviendrait de leur subvenir », la question est reportée à la prochaine séance.

12 *mars*. — En outre du Bureau Central et des délégués des B. P., le Curé de S. Maclou assiste exceptionnellement à la séance.

Le Procureur de la Commune annonce que cette réunion est spécialement faite pour s'occuper des secours à accorder aux enfants devant faire leur première communion à Pâques ; — à part S. Eloy, toutes les paroisses sont représentées. Suivant les déclarations des délégués, le nombre des enfants pauvres à habiller se monte à 349 : N.-D., 18 ; S. Ouen, 30 ; S. Godard, 6 ; S. Patrice, 31 ; S. Jean, 7 ; S. Vincent, 6 ; S. Maclou, 75 ; S. Vivien, 60 ; S. Nicaise, 24 ; S. François, 37 ; Ste Madeleine, 25 ; S. Sever, 30 ; — 164 garçons et 185 filles.

Tout en considérant que s'il est indispensable de pourvoir à l'habillement de ces enfants, il est également nécessaire de diminuer une dépense que la Caisse des Pauvres ne pourrait satisfaire, il est délibéré qu'une somme de 18 l. serait attribuée aux B. P.

par tête d'enfant, somme payable de deux mois en deux mois à partir du jour de la cérémonie.

Le Bureau de S., Eloy sera invité à donner le nombre des enfants de cette paroisse devant faire leur première communion.

20 avril. — Une somme de 6,548 l. 8 s. 3 d. est allouée à S. Ouen, S. Patrice, S. Nicaise, S. Maclou, S. François, S. Godard, Ste Madeleine, S. Vivien et S. Sever.

Un délégué de S. Nicaise signale que les sommes de 18 l. par tête d'enfant à habiller a été dépassée à S. Vincent et que cet état de choses pourrait occasionner des mécontentements. Après avoir entendu le délégué de S. Vincent, il est arrêté que la paroisse S. Vincent ne passera en compte que 18 l. par individu.

On soumet au Bureau deux questions : la 1re au sujet du testament d'une dame Picard, de Pont-Audemer, décédée en 1788, accordant 300 l. aux pauvres de S. Laurent, somme que le Curé de cette église n'a pu toucher, et la 2e sur une réclamation de 2 amendes prononcées par le Tribunal de Commerce — 150 l. des frères Bonnet et 100 l. du sieur Chaumont — le Procureur est chargé de s'occuper de ces deux affaires.

Le Trésorier fait savoir qu'il a en caisse environ 600 l. de billets dits de Vitallis n'ayant plus cours en ville; — le Maire les paraphera et les fera passer à Paris.

Un membre se plaint qu'on négligeait dans les B. P. de faire la recette des souscriptions et aussi de ce que les Bureaux de S. Jean et S. Eloy n'avaient pas envoyé leurs comptes de gestion. — Il sera écrit en conséquence, le sieur Havard en est chargé.

16 *mai*. — Les paroisses de S. Patrice, S. Sever, S. Ouen, S. Nicaise, S. Vivien, S. François et S⁰ Madeleine reçoivent 3,466 l. 8 s. 6 d.

Le Trésorier est également autorisé à payer 578 l. 15 s. au sieur Bourgeois, pour une fourniture de couvertures à la paroisse S. Vivien.

On décide d'écrire une lettre aux B. P. pour les engager à profiter de la douceur de la saison pour diminuer une partie des secours qu'ils accordent.

Le porteur de pouvoirs de M. l'abbé Bourgeaux réclame à nouveau le payment d'une rente de 50 l. à prendre sur la Caisse de pauvres. N'ayant pu justifier des titres qui sont à Paris, il est passé outre.

Le Substitut du Procureur déclare avoir entre les mains les pièces concernant le legs de 300 l. en faveur des pauvres de S. Laurent ; il est autorisé à user de tous les moyens que permet la loi pour faire rentrer cette somme.

A la suite de ce procès-verbal signé de Defontenay, maire, et de Auger, secrétaire, on lit au bas de la page un visa :

Vu et arrêté par nous Commissaires de l'ancienne et de la nouvelle Municipalité, au désir de la délibération du jour d'hier

et du procès-verbal de ce jour. A Rouen, le 19 janvier 1793,
l'an 2ᵉ de la République française.

BÉRÉE,   TANELIER, Vulgis DUJARDIN, LAMINE,
ARVERS,   DE BONNE fils [1].

Les procès-verbaux qui suivent sont de la main
d'un autre Secrétaire qui n'a pas signé ; dans chacun
d'eux il a laissé plusieurs lignes en blanc pour y ins-
crire les noms des membres présents.

27 *juin* (l'an 4ᵉ de l'Égalité et de la Liberté). —
Le trésorier est autorisé à payer 6,123 l. 9 s. 3 d.
à S. Ouen, S. Patrice, S. Nicaise, S. François,
S. Vivien, S. Seyer, S. Maclou.

Adam, chirurgien, réclame le remboursement de
médicaments qu'il a fournis. Le B. de S. Vivien
devra donner des détails sur cette réclamation.

Il est délibéré que la prochaine Assemblée de
charité aurait lieu à S.-Jean, et que des quêtes
seraient faites à N.-D. à la messe de midi.

Le citoy. Néel demande qu'il lui soit alloué 500 l.
à valoir sur les avances qu'il a faites pour achats
de couches. — Accordé.

25 *novembre* (l'an 1ᵉʳ de la République). — Les
délégués du P. B. réclament la somme de 12,492 l.
15 s. 6 d. pour régler les dépenses de leurs bureaux.
Le trésorier consulté sur l'état de sa caisse dit qu'il

---

[1] Ce visa a été apposé après coup, dans un blanc laissé au bas
d'une page. — Jusqu'à la date du 16 mai, tous les p.-v. sont signés du
Président (maire ou off. municip.), du Secrétaire et parfois du Procureur de la Commune.

possédait à peu près cette somme qui est allouée à S. Patrice, S. Ouen, S. François, S. Nicaise, S. Maclou, S⁺ Madeleine, S. Sever, S. Vivien, S. Godard.

Le trésorier déclare qu'il est dû un arriéré à des fournisseurs et qu'il ne pourra payer que si la caisse de la commune rembourse environ 9,200 l. payées à divers boulangers avant l'établissement des Bureaux de bienfaisance ; — on nomme une commission qui sera chargée de faire rentrer cette somme et de s'occuper du compte de gestion du B. C., dans ce compte il sera fait mention des bureaux qui n'ont pas communiqué avec le B. C. — que le compte apuré sera publié et qu'il sera écrit aux B. de S. Eloy et S. Jean pour les prévenir.

Le délégué de S. Godard fait part d'un legs fait par le cit. Malfillatre et des démarchès qu'il a faites pour procurer aux pauvres l'effet de ce legs. Le cit. Requier est remercié de ses bons offices et on le prie d'écrire aux demoiselles Malfillatre.

Sur la demande du cit. Néel, son compte de fournitures de couches sera examiné à la prochaine séance.

17 *décembre*. — Le cit. Bouvet donne lecture d'un rapport dont il n'est pas fait état, le Bureau n'étant pas en nombre pour délibérer.

Le cit. président charge le secrétaire de convoquer à nouveau le Bureau pour le 20 et d'y inviter le cit. Bouvet, et les citoyens Evêque et Curés de la ville.

20 *décembre*. — Le cit. Evêque assiste à la séance.

Le cit. Bouvet lit son projet. Il demande la suppression du pain bénit tel qu'il est offert ou qu'on établisse un moyen de le rendre plus profitable aux pauvres. — On nomme une Commission qui devra présenter un rapport sur cette question.

Les cit. curés de S. Jean et S. Eloy invités à fournir leurs comptes promettent de le faire dans un très bref délai.

Un citoyen ayant remarqué que l'Assemblée de Charité à S. Jean n'avait pas eu lieu par suite de certaines circonstances, le cit. curé de S. Jean promet de saisir la première occasion pour faire cette Assemblée.

1793

9 *février* (l'an 2ᵉ de la République une et indivisible). — Les délégués des B. P. réclament pour S. François, S. Sever, S. Patrice, S. Godard, S. Vivien, S. Ouen, S. Nicaise, S. Eloy, Sᵗᵉ Madeleine et S. Maclou une somme de 164,429 l. 17 s. 3 d. — Les fonds disponibles n'étant pas assez considérables, le trésorier est autorisé à n'en verser que les deux tiers.

Le cit. Néel donne lecture d'une pétition tendant à faire verser dans la caisse du B. C. l'excédent des revenus des fabriques ; — l'examen de cette pétition est ajournée jusqu'à la fin du travail sur les fabriques.

On dépose enfin sur ce bureau le compte de gestion de S. Eloy qui est trouvé si informe, qu'il ne pouvait être reçu. Tous les membres de ce bureau seront invités à assister à la prochaine séance du B. C.

Le cit. Caron du B. de S. Jean est invité à fournir son compte incessamment.

Le cit. Bourgeaux revient à la charge pour le payement de sa rente de 50 l.; il est passé à l'ordre du jour pour le même motif que le 16 mai dernier.

Il est remis sur le bureau une note indiquant qu'une dame Terisse, morte en 1787 à chargé le cit. Gingois, notaire, son exécuteur testamentaire, de payer 400 l. aux pauvres de S. Vivien et diverses sommes à d'autres personnes; — le cit. Gingois sera invité à présenter le testament au Bureau.

Vu la pénurie dans laquelle se trouve la caisse, il est arrêté que le Conseil général de la commune sera invité à présenter une adresse au Pouvoir Exécutif pour obtenir des secours sur ceux qu'un décret de la Convention vient de voter à cet objet.

Le cit. curé de S. Vincent promet de convoquer une Assemblée de Charité pour le dimanche de la Passion.

Le Trésorier réclame la nomination d'une Commission pour l'examen de sa caisse.

On arrête qu'il remettra aux cit. Néel et Villars les Bons étrangers qui lui ont été donnés pour les pauvres.

Le procureur de la commune se plaint de la diver-

gence de vues des 13 administrations des B. P. dans
la manière de soulager les indigents et de leur distribuer des secours ; l'humanité et l'équité voulant
qu'il n'y ait aucune différence entre les pauvres de la
cité en quelque quartier qu'ils habitent. — Après discussion, il est arrêté que : pour parvenir à établir
l'égalité dans la distribution des secours, il était
nécessaire de connaître le nombre de pauvres dans
chaque paroisse, — le nombre ayant dû varier par
suite de changement de domicile, — la quantité de
secours accordés dans chaque paroisse, tels que paille,
charbon, bois, tourbe, viande, etc., et que le procureur écrirait aux B. P. pour leur demander des états.

Les délégués des B. P. réclament la suppression
des cartes d'indemnités, sauf à soulager les pauvres
d'une autre manière. Cette réclamation est prise en
considération, elle sera transmise au Conseil général
de la commune.

Le cit. Marc demande qu'il soit écrit à la cit.
Rousseau, rue des Martyrs à Paris, exécutrice testamentaire du cit. Depont d'Albaret, décédé à Rouen,
le 18 octobre, pour réclamer un legs de 12 à 1500 liv.
fait par le défunt au profit des pauvres de N.-D.

16 *février*. — Le cit. Gingois, notaire, donne
quelques éclaircissements sur le legs Terisse, mais
ceux-ci ne pouvant être bien étudiés en séance, le
cit. Gingois devra faire un rapport aux cit. Perrin et
Payenneville qui le communiqueront à la prochaine
séance.

Le compte de S. Eloy est de nouveau remis sur le Bureau. Quelques membres de ce Bureau ayant déclaré n'en avoir eu connaissance, ils seront tous convoqués pour la séance fixée à quinzaine.

On veut ensuite s'occuper des moyens à employer pour combler le vide de la caisse, quand un membre vient dire qu'il faudrait d'abord songer à payer les sommes restées dues aux B. P. depuis la dernière séance, alors le cit. Amiot-Guenet offre aussitôt d'avancer le montant de la somme, ce qui est accepté aux applaudissements de l'Assemblée, — mention honorable figurera au procès-verbal.

Pour faire face aux besoins ultérieurs, on arrête : 1° de provoquer la suppression de la mendicité, — une Commission composée des cit. Herbouville, Riquier, Groult, Levavasseur, Payenneville et Amiot-Guenet voudront bien faire un rapport sur ce sujet ; 2° d'écrire aux administrateurs des P. B. pour les encourager à recevoir les souscriptions, et de solliciter des secours des personnes de bonne volonté en attendant la répression de la mendicité ; 3° enfin l'on engagera le curé de S. Jean de faire une Assemblée de Charité le plus tôt possible.

2 mars. — Au nom des Commissaires nommés pour recevoir les explications de Gingois, au sujet du legs Terisse, le cit. Payenneville déclare que « malgré la considération qu'il porte au cit. Le Gingois, il s'est aperçu que ce citoyen a mis dans l'exécution dont il est chargé sinon de la mauvaise volonté, au moins une négligence condamnable ». Le Bureau délibère que le Procureur de la Commune sera autorisé à poursuivre le cit. Gingois pour obtenir le payement des 400 l. léguées aux pauvres.

Le Bureau de S. Eloy présente son compte qui se solde par un déficit de 209 l. 5 s.; après lecture de ce compte, il est arrêté qu'il sera reçu « sauf acomptes du produit de la cire ».

Il est déposé sur le bureau un projet de suppression de la mendicité [1].

20 *mars*. — Il est alloué aux paroisses Ste Magdeleine, S. Godard, S. Nicaise, S. François, S. Vivien, S. Maclou et S. Patrice, 8,172 l. 19 s. 9 d. pour régler leurs fournisseurs.

Un membre signale la présence dans les greniers de la communauté de S. Maclou d'un grand nombre d'objets amoncelés dont on pourrait tirer avantage ; — on fera une estimation de la valeur et de l'utilité de ces objets dont le rapport sera présenté à la prochaine séance.

Le cit. Herbouville lit le rapport de la Commission sur la suppression de la mendicité : — on applaudit aux vues exprimées dans ce travail et on arrête qu'il sera divisé en deux parties. La première, indiquant la

---

[1] Cette question de supprimer la Mendicité, qui fut souvent agitée devant le B. C. avait été également présentée par le Conseil général de la Commune en déc. 1791 devant le Directoire. Elle avait été rejetée parce que l'Assemblée Nationale s'occupait d'un plan général de répression. Voir : Ch. de Beaurepaire. — *Recherches sur la répression de la Mendicité dans l'anc. Généralité de Rouen.* — Rouen, 1887.

base de l'établissement à créer et les mesures à prendre, sera soumise à l'approbation du Conseil général
et s'il le trouve bon on le priera de l'appuyer près de
la Convention, quant au deuxième qui traite du règlement à établir dans la maison à créer, il sera différé
jusqu'à l'acceptation de la première partie du rapport [1].

On réclame de nouveau des Assemblées de charité;
— le curé de S. Vivien présent, s'engage à en faire
une prochainement. Un membre du B. de S. Jean
dit qu'il engagera son curé à en faire autant et un
autre membre insiste près du procureur pour qu'il
obtienne du pasteur protestant qu'il agisse de même
au Temple.

On autorise le procureur à réclamer aux Gréffiers
de justice de Paix le montant des amendes versées
et solliciter du Conseil général que l'excédent des
revenus des fabriques soit versé à la caisse du Bureau.

Un ancien volontaire de la Seine-Inférieure, blessé,
sollicite un métier qui lui permette de faire de la toile,
— le cit. Adam dit qu'il satisfera à sa demande.

18 *avril*. — Le cit. Herbouville dit que depuis le
dépôt de son rapport, la Convention a décrété la
majeure partie du projet qu'il avait présenté, ce qui

---

[1] D'Herbouville avait signalé dans son mémoire que la mendicité
enlevait aux pauvres une partie des aumônes qui leur étaient destinées,
mais ce n'était là qu'un futile argument. Le véritable mobile qui le
faisait agir aussi bien que le Conseil général avait pour but, en enrayant
la mendicité, d'obtenir en ville et surtout à la campagne un peu plus
de sécurité, car les bandes de mendiants qui alors parcouraient le pays
y causaient par leurs déprédations et leurs exactions une véritable
terreur.

a empêché de donner suite au projet, — on passe à l'ordre du jour.

On ordonne le payement de 18,180 l. 7 s. 6 d. aux paroisses de S. Maclou, S. Vivien, S. Patrice, S. Nicaise, S. Sever, S. Ouen et Sᵗᵉ Madeleine. Le trésorier ayant déclaré ne posséder que 2,000 l. en caisse, un membre dit que le 20 mai dernier [1], le procureur avait été invité de solliciter du Conseil général que l'excédent des revenus des fabriques fût versé à la caisse des pauvres, que la pénurie de cette caisse, et l'urgence de subvenir aux besoins des pauvres indiquait le moment où le Conseil général ne pourrait refuser d'autoriser ce versement, — il demande en outre que le B. C. puisse prendre dans la caisse des fabriques une somme de 18,000 l. pour payer ce qui est dû, lorsque toutefois le personnel des dites fabriques serait réglé. Il est délibéré qu'un emprunt de 18,000 l. serait fait aux fabriques et qu'on solliciterait du Conseil général l'homologation de cet emprunt.

Plusieurs délégués des B. P. demandent au Bureau de s'occuper de l'habillement des enfants devant faire leur première communion. — Le Bureau déclare se rapporter à la prudence des administrateurs des B. P., mais qu'ils ne pourront dépenser pour ces objets plus de 30 l. par tête d'enfant; ce remboursement se fera par tiers tous les deux mois, à partir du jour de la cérémonie.

[1] Le Secrétaire a écrit ici *Mai* pour *Mars*.

Lo procureur demande aux administrateurs des P. B. s'ils ne pourraient réduire leurs dépenses, la saison étant moins rigoureuse ; — ils répondent que toute diminution de secours est impossible.

On délibère qu'il sera écrit à Chauffart, boulanger, pour l'inviter à no plus refuser du pain aux pauvres sur la présentation de bons du B. C.

1er *juin*. — Une somme, non indiquée sur le procès-verbal, est votée pour le payement des fournitures de dix paroisses.

Le cit. Signol réclame le prix du montant des fournitures effectuées l'année précédente ; le trésorier est autorisé à payer.

Le cit. Gueroult lit une partie de son travail sur l'uniformité dans la distribution des secours dans les B. P.

Le cit. Guéroult lit une partie de son travail sur l'uniformité dans la répartition des secours : — il lui manque des renseignements sur certains B. P. — Le procureur leur écrira à ce sujet et les engagera en même temps à diminuer les distributions, vu le manque de pain et de riz..... et la durée des jours.

Le cit. Néel est chargé de nouveau de faire fabriquer des couches neuves et de surveiller celles faites avec des débris de bancs.

27 *septembre*.— On alloue 26,055 l. 5 s. 9 d. aux paroisses de S. Ouen, S. Godard, S. Patrice, S. Jean, S. Eloy, S. Maclou, S. Vivien, S. Nicaise, S. François, Ste Magdeleine, S. Sever.

Le procureur réclame un état des pauvres par paroisse, — quelques paroisses n'ont pas encore terminé ce travail de recensement. Il leur sera écrit à ce sujet et aussi pour leur demander la liste des personnes ne pouvant plus s'occuper de l'administration de leurs bureaux pour être procédé à leur remplacement par des citoyens dont ils donneraient les noms.

Le délégué de S. Godard demande quelle suite a été donnée à une affaire intentée au citoyen Piédelièvre pour le remboursement d'un legs de 300 l. fait aux pauvres de sa paroisse, — le procureur répond qu'à la suite des démarches qu'il a faites il a l'espoir que cette somme sera incessamment versée au Bureau.

Le même membre demande qu'il soit délivré de la paille aux indigents de S. Godard ; il sera fait droit à la requête après la présentation des états réclamés.

Un membre demande que le Bureau voulût bien s'occuper de la cire provenant des offrandes à l'occasion des mariages, baptêmes et sépultures, — une Commission est nommée qui fera un rapport à la prochaine séance.

22 *brumaire* (an IIe de la République une et indivisible) [12 nov. 1793]. — Les états abrégés des pauvres, réclamés pour établir l'uniformité dans les distributions ne sont pas encore déposés, — le procureur est chargé de les réclamer.

Le rapporteur de la Commission, nommée pour

s'occuper de l'emploi de la cire, propose de vendre ce produit aux fabriques. Le Bureau, après avoir entendu le procureur de la commune, considérant qu'à partir du 1ᵉʳ janvier 1794 les frais du culte seront à la charge de la Nation, délibère que les cires seront vendues comme par le passé aux ciriers et que le produit en serait versé à la caisse.

On lit une lettre du cit. Filleul, curé de S. Eloy, demandant les noms des administrateurs pour l'emploi de la cire. — On lui indique le cit. Perrin.

Un membre dit qu'un bienfaiteur de la paroisse S. Maclou avait l'intention de faire aux pauvres de sa paroisse une aumône de 100 l., mais que ne possédant qu'un assignat de 200 l. à face royale, il demandait si le B. de S. Maclou pourrait être autorisé à lui rendre 100 l. sur son billet : le Bureau délibère qu'aucun moyen ne doit être négligé pour obtenir du soulagement aux indigents et que le B. P. de S. Maclou serait autorisé à négocier l'assignat contre 100 l.

Un membre se plaint de la désorganisation des B. P. — Le procureur demandera au Conseil général de compléter le B. C. et les B. P. et que les citoyens qui seraient nommés et n'accepteraient pas les fonctions soient tenus de justifier des causes de leur refus.

Les délégués des B. P. réclament les sommes dues aux fournisseurs et se plaignent de ce que les Assemblées du B. C. se font trop rares, causant par là du retard dans le règlement des mémoires. Il est alors décidé que le trésorier serait autorisé à faire des avances dans l'intervalle des séances, et on vote une somme de 12,281 l. 6 s. 3 d. aux paroisses de S. Ouen, S. Godard, S. Patrice, S. Maclou, S. Nicaise, S. François, S. Vivien, S. Sever et Sᵗᵉ Magdeleine.

Quelques membres demandent s'il ne pourrait être accordé aux jeunes filles quelques rouets pour filer. — Refusé.

1794

26 *nivôse* (15 janvier). — La séance a lieu à dix heures du matin, sous la présidence de Pillon [1], maire. La nouvelle Commission du bureau se compose de : Angerville, Hamel, Pelletier, Le Caron, Parent, Langlois, Le Monnier, Molien, Rivet, Hurard, Dossier, Villars, Ivelin, Adam, Néel, Auncy, Requier, Adam l'aîné et Vallée.

On lit une lettre du district demandant un tableau énumératif des indigents, puis une réquisition du subst. de l'agent national demandant que dans le plus bref délai un rapport soit fait sur l'état actuel des Bureaux et la meilleure organisation à leur donner. Une Commission est nommée pour faire ce rapport qui devra être présenté le 21 ventôse (11 mars), — les bureaux seront désignés par arrondissements portant des numéros de 1 à 13 [2].

[1] *Pillon*, nommé maire de ce 21 frim. (11 déc.), prit possession de sa charge le 24. — Il remplaçait de Fontenay, démissionnaire.
[2] Une loi relative à la circonscription des paroisses de Rouen, donnée à Paris le 23 *fév.* 1791, indiquait sous ces 18 numéros leurs délimita-

Plusieurs délégués réclament contre une délibération portant qu'il ne serait plus délivré que du pain
aux pauvres et demandent à être autorisés à délivrer
de la tourbe ou du charbon : il est délibéré qu'il
sera délivré un boisseau de charbon ou 100 tourbes
par 3 décades (1 mois) pour 4 personnes.

Le trésorier est autorisé à fournir sur état aux
B. P. les sommes nécessaires pour payer les fournisseurs (le montant ne figure pas au p.-v.) : de plus
aux cit. Maillière et Digard, l'un 702 et l'autre 400 l.
pour l'habillement des enfants de première communion l'année précédente. Il est également payé au
cit. Néel, 1,600 l. qui lui restaient dues pour avances
faites pour achats de couches.

Le cit. Néel annonce que les objets qu'il avait été
autorisé à acheter pour l'établissement du bureau de
tentures pour les inhumations sont devenus la propriété des pauvres parce qu'il a été remboursé de leur
valeur. — Des remerciements lui sont votés et on
statuera ultérieurement sur l'emploi de ces objets.

La séance est levée à deux heures.

tions exactes : le n° 1, N.-D. ou Cathédrale ; n° 2, S. Ouen, ci-devant
Abbaye ; n° 3, S. Godard ; n° 4, S. Patrice ; n° 5, S. Jean ; n° 6, S. Vincent ; n° 7, S. Eloy ; n° 8, S. Maclou ; n° 9, S. Vivien ; n° 10, S. Nicaise ; n° 11, S. François ; — Paroisses et Succursales des Fauxbourgs,
n° 12, Ste Madeleine, précéd. église de l'hôpital de la Madeleine, S. Ger-
vais, succurs. ; n° 13, S. Sever, S. Benoît, précéd. église du Couv. de
Bonne-Nouvelle, provisoirement succurs.

S. Paul, succurs. de S. Maclou ; S Hilaire, succurs. de S. François,
et S. Romain, ci-devant église conventuelle des Carmes déchaussés.
(Arch. municip. — 60 A/1, pièce imp.).

13 *pluviôse* (1ᵉʳ février). — Un membre s'étonne qu'on ait omis d'indiquer, dans le procès-verbal, la date à laquelle devaient s'assembler les commissaires nommés pour présenter leurs vues sur une meilleure organisation des *bureaux d'humanité* et que cette époque avait été fixée au 21 ventôse. — On répare cette omission en arrêtant que les B. P. s'assembleront le 16 courant pour choisir un délégué qui devra se rendre le lendemain à quatre heures à la commune.

Un membre demande qu'il soit distrait de la réquisition faite par le district et avec son assentiment environ 4,000 bottes de paille pour venir en aide à de nombreux citoyens indigents qui couchent sur de la paille humide et malsaine.

On décide que la tourbe repostée à la commune sera envoyée aux B. P. pour la distribuer aux pauvres.

La question de la répression de la mendicité est de nouveau agitée ; les délégués des B. P. devront remettre au Comité d'humanité, à la séance du 17, l'état des mendiants de leur arrondissement, leur situation, leur industrie et l'époque de leur arrivée dans la commune.

Plusieurs délégués demandent s'ils peuvent toujours délivrer des layettes, ce qui leur est accordé temporairement. — Sur une observation d'un membre que les linges provenant des fabriques pourraient servir à confectionner ces objets ; il est arrêté qu'il serait écrit au district pour obtenir les linges qui pourraient être convertis à cet usage.

. Le 10⁰ B. d'humanité a fourni, sur l'avis de l'agent national, un suaire pour inhumer les indigents, il demande si cette fourniture devra être continuée. Cette demande étant généralisée par tous les bureaux, il est arrêté que les P. B. fourniront des suaires, mais ils devront éviter que des abus se renouvellent.

Les cartes pour distribution de secours, portant des emblèmes de royauté, ne pourront plus être employées. — La séance est levée à une heure.

4 *germinal* (24 mars). — La séance est ouverte à 11 heures. — Trois membres du Conseil général sont présents au bureau : Victor Le Febvre, Angerville et Bonneterre.

Lecture d'un décret de la Convention ordonnant l'envoi au Comité de Salut Public d'un état des patriotes indigents selon un modèle annexé. — Il sera demandé 250 exemplaires du modèle que devront remplir les P. B.

Le cit. Brument dépose une pétition pour obtenir des secours qui lui sont accordés.

Le cit. Ezechiel Pouchet [1] a offert au Conseil général 100 liv. de coton pour être distribuées aux indigents. Le Conseil renvoie cette demande au B. C. d'humanité pour prendre des renseignements sur le civisme du cit. Pouchet; une Commission de trois membres est nommée à cet effet.

---

[1] C'est *Ezechias* qu'il faut lire, le père de l'illustre naturaliste *F.-A.* *Pouchet*,

Une pétition du cit. Lefebvre est remise au cit. Victor Lefebvre pour donner des renseignements sur la valeur de la requête. — Séance levée à une heure.

5 *prairial*. — La séance est ouverte à 10 heures du matin, sous la présidence de M. Pillon, maire, assisté de Payenneville et Angerville, membres du Conseil général et des présidents des B. P.

On s'occupe de la forme à donner aux états réclamés par la Convention, — elle présente plusieurs difficultés. Lefebvre et Angerville vont aller sur l'heure conférer avec le Directoire du District à ce sujet, et à leur retour il est arrêté que le tableau sera imprimé au nombre de 1,400 et en forme de cahier.

Sur une observation d'un membre il est arrêté que les B. P. n'ont pas à être consultés sur les frais d'inhumations d'indigents. — Séance levée à midi.

9 *prairial* (28 mai). — La séance est ouverte à 10 heures en présence des membres du B. C. et des présidents des B. P., sous la présidence de Pillon, maire, Angerville et Payenneville, membres du Conseil général de la commune.

Après avoir ouvert la séance « par le vœu de tous les bons français : Vive la République! Le maire indique que le but de la réunion a pour objet de s'occuper des secours à distribuer aux indigents pour leur permettre de supporter moins péniblement les rigueurs de l'hiver.

Le charbon de bois et la tourbe de tan qui peuvent

être employés n'étant pas produits ou très peu dans la commune, c'est aux communes environnantes qu'il faut s'adresser. Il est décidé qu'il sera écrit à l'agent national de Pont-Audemer, pour l'engager, au nom de l'humanité et de la fraternité, à indiquer quelle quantité on pourrait acheter dans cette commune, les conditions d'achat et les moyens de transport.

Deux cit. sont également priés d'écrire à Caudebec pour le même objet [1].

Le cit. Le Franc [2], du 8e Bureau, sera invité à chercher les moyens de se procurer du charbon de bois dans les environs de la forêt de Lyons ou en tout autre endroit où il aurait des relations.

Le trésorier demande alors comment il pourra faire face à ces achats, ne possédant que 5,600 l. en caisse.

Le cit. Caron, un des administrateurs de l'ancienne Caisse Patriotique, offre au nom de son administration la somme des bénéfices assez considérables réalisés par ladite caisse. Il reçoit les remerciements de cette offre civique et il est arrêté que le Bureau en avisera le Conseil général.

Des membres ayant présenté des observations au sujet des inhumations des indigents, une Commission est nommée qui fera un rapport sur ce sujet à la prochaine séance renvoyée au primidi de la 3e décade de prairial (0 juin).

---

[1] Caudebec-en-Caux.
[2] Le cit. Le Franc, président du 8e Bureau (Saint-Maclou), était le ci-devant curé de cette paroisse.

A cette même réunion, les présidents des B. P. devront apporter l'état numératif des indigents de leurs sections, ainsi que la quantité de tourbe et de charbon, en prenant pour base une quarte de charbon ou 25 tourbes par individu pendant cinq mois.

La séance est levée à une heure par les cris de: Vive la République !

6 *messidor* (24 juin). — La séance est présidée par Pillon, assisté d'Angerville, Payenneville et Hamel, membres du Conseil général, et de Vernon, substitut de l'agent national ; tous les présidents des B. P. sont également présents.

La lecture du procès-verbal de la séance antérieure, est précédée des cris de : Vive la République !

Le cit. Durand lit une lettre qu'il a reçue de Caudebec, du cit. Ebran, l'avisant que la commune de Rouen peut compter sur 30 à 40,000 tourbes pour ses indigents, — on remarque que les offres que contient cette lettre sont vraiment patriotiques et désintéressées. Il sera écrit au cit. Ebran pour lui témoigner la reconnaissance de l'administration pour son zèle et l'engager à continuer ses bons offices. Il sera prié de correspondre avec le cit. Durand avec lequel il traitera.

Une lettre de l'agent national de Pont-Audemer exprime le même désir d'obliger, mais présente moins de détails. Des renseignements ultérieurs font espérer qu'on pourra trouver dans cette commune de 100 à 120,000 tourbes, mais il sera nécessaire d'y envoyer un commissaire pour traiter avec les tanneurs. Le cit. Auger est chargé de ces négociations.

Le cit. Lefranc lit une lettre reçue par le cit. Pelletier au sujet du charbon de bois à acheter en forêt de Lyons. Cette lettre indiquant qu'une infraction à la loi du maximum applanirait certaines difficultés, le Maire prend aussitôt la parole, s'indignant qu'on ose proposer à des administrateurs républicains le mépris de la loi et requiert que la lettre soit déposée sur le Bureau municipal.

Six sur treize B. P. ont fourni les états demandés pour fourniture de chauffage, les autres devront fournir ces pièces pour le 14 et y joindre le nombre de cheminées.

Sur une réclamation du président du 13e Bureau, réclamant de la paille, il est arrêté qu'on écrira au cit. Guimberteau, représentant du peuple, pour en obtenir des dépôts de fourrages pour les chevaux de la République.

Durand fait un rapport sur les inhumations, il est applaudi, mais avant de délibérer il est invité à présenter un mode uniforme pour tous les Bureaux et à se joindre s'il le juge à propos au Comité de l'Instruction publique.

Le Maire prend la parole pour indiquer que le chauffage n'est pas le seul moyen de soulager la misère. Il demande qu'il soit distribué des chemises, couvertures, couches et tous les autres objets de première nécessité « dont la privation qu'en éprouvent

les indigents afflige tous les amis de l'humanité et
les vrais patriotes ».

L'Assemblée partage les sentiments du Maire et
nomme une Commission pour chercher les moyens de
ce procurer les objets ci-dessus.

La chandelle est aussi un objet de sollicitude pour
le Maire, mais les lampes seules peuvent remédier à
leur défaut. On charge le cit. Le Vavasseur de
s'aboucher avec un potier de la Mivoie, pour obtenir
des échantillons, et les membres de l'Assemblée sont
tous chargés d'écrire aux fabricants d'huile de rabette
pour tâcher d'en obtenir.

Les présidents des B. P. sont autorisés à délivrer
mardi prochain, à 4 heures, un nombre de cartes de
viande égal à celui distribué à la dernière décade.

14 *messidor*. — Angerville préside et ouvre la
séance par le cri de : Vive la République ! La plupart
des tanneurs de Rouen, convoqués pour indiquer
le nombre de tourbes qu'ils pourraient fournir
se sont présentés au nombre de neuf et ont donné
ensemble le chiffre de 136,000. (A la suite de
leurs noms figurent ceux de deux autres tanneurs
sans indication de chiffre, mais avec cette note (*à la
maison de Lô*) [1]. Ils déclarent en outre en augmenter
le nombre s'il leur est possible et, comme preuve de
bonne volonté, ils s'engagent à conserver et tenir
chez eux à la disposition du bureau les quantités
qu'ils ont déclaré fournir.

1 Prison installée dans l'ancien prieuré de S. Lô.

Les B. P. fournissent leurs états, d'où il résulte que sur 15,068 indigents, 1,632 ne possèdent pas de cheminées.

Durand lit un rapport sur la nature et l'importance des secours à délivrer aux indigents. Le prix des paillasses est fixé, selon la grandeur, de 5 l. 12 à 8 l. 8.

Les grandes chemises homme, de toile bise, de repeigne de Caux, la lisière au côté pour plus grande durée........................ 6 l. 2 s. 6 d.

Petites chemises homme......... 5 l. 0 s. 6 d.
Grandes — femme......... 5 l. 8 s. 3 d.
Petites — — .... 5 l. 5 s.

Sans compter la façon.

Quant aux couvertures, il a été écrit à Lisieux : les prix selon la grandeur varient de 4 l. 6 s. 3 d. à 3 l. 9 s.

Il est décidé que le rapport sera communiqué au Maire, ainsi que l'observation du rapporteur sur les moyens de faire face aux dépenses.

La somme paraît devoir être considérable et pour la connaître au juste, il est arrêté que les B. P. formeront trois états des indigents qu'ils seront chargés de secourir :

Le 1er contiendra le nombre à secourir complètement ; le 2e ceux qui n'ont besoin que d'une portion de secours, et le 3e ceux qui peuvent attendre quelque temps.

La séance est levée aux cris de : Vive la République !

14 *thermidor* (1er août). — Angerville ouvre la
séance par le cri de : Vive la République !

Cinq présidents des B. P. sur treize présentent
les états demandés à la séance du 11 messidor, ces
derniers devront les fournir à la séance prochaine,
le 25.

En l'absence de Durand, le secrétaire est autorisé
de traiter avec Ebran, à Caudebec, pour les 40,000
tourbes ; il devra en outre aller à Pont-Audemer pour
négocier l'achat voté le 6 messidor.

A la suite d'une seconde lecture du rapport des
commissaires, touchant la nature des secours à délivrer, il est arrêté après discussion qu'il sera fait aux
citoyens et citoyennes une invitation fraternelle pour
les engager à se priver d'une ou plusieurs bonnes
chemises en faveur des citoyennes et citoyens indigents. On délibère en outre d'acheter 3,000 aunes
de toile pour les convertir en chemises.

Une lettre de Lisieux fait savoir qu'il existe deux
sortes de couvertures, mais quelles sont mises en
réquisition par la Marine. Cette lettre laissant à
supposer qu'un genre seulement serait en réquisition,
on décide d'écrire pour obtenir une certitude et dans
ce cas on en achèterait 3,000 assorties par grandeurs.

Le cit. Le Vavasseur présente des modèles de
lampes en terre pour brûler de l'huile, — on adopte
deux types, l'un à pied et l'autre devant être posé
sur un chandelier, mais il sera préalablement fait un
essai.

Un membre observe qu'il sera très difficile de se

procurer de l'huile [1], car non seulement elle est en réquisition, mais aussi les graines servant à la fabriquer. Il sera écrit à la Commission des subsistances pour en obtenir.

La séance est levée aux cris de : Vive la République !

An III

7 *brumaire* (28 octobre). — La séance est ouverte à 6 heures de relevée (vieux style), sous la présidence de Le Boucher, maire, assisté de Bigot, Félix Bissonnais, Moulin, membres du Conseil général, Le Coutour, agent national, et les présidents des B. P [2].

Le président ouvre la séance aux acclamations de : Vive la République ! Vive la Convention !

Le trésorier dit que la caisse est redevable de celle du Bureau des subsistances de 7,731 l. 17 s. 6 d. qui ne peuvent être remboursés que par des billets à longue échéance se montant à plus de 27,000 l., dont le cit. Le Caron est dépositaire et font partie des bénéfices de la Caisse Patriotique ; il ajoute que le cit. Le Caron offre de faire une avance de 1,000 l., dont il se remplira au fur et à mesure des échéances.

---

[1] Le 18 brum. les épiciers de Laigle dénoncèrent les négociants de Rouen qui refusaient de les approvisionner d'huile de rabette (*Arch. municip.*).

[2] *Le Boucher Dutronché* avait été nommé maire le 6 vendémiaire, et le 9, F. Bissonnais, Moulin et Bigot furent choisis par le Conseil général de la Commune pour siéger au Bureau Central d'Humanité (*Arch. municip.*).

L'agent national, après s'être informé si la loi du 28 juin 1793 concernant les secours publics était mise en exécution, requiert qu'il soit nommé une Commission pour faire un rapport sur cet objet à la prochaine séance.

L'agent national se fait l'écho de plaintes reçues contre le cit. Hellot l'aîné, qui délivre au 8ᵉ Bureau des secours trop modiques ; il s'engage à lui écrire. Il propose en outre de s'occuper à nouveau des moyens uniformes à employer dans la délivrance des secours.

Le nombre des membres des B. P. étant incomplet, quelques membres réclament une nouvelle organisation vu les approches de l'hiver. L'agent national écrira aux 13 bureaux pour leur demander le nombre des membres qui leur manque et par qui on pourra les remplacer ; — par la même circulaire ces mêmes bureaux seront invités à ne pas faire de distribution à ceux qui reçoivent de traitement de la Nation en qualité de parents de défenseurs de la Patrie et que le tableau des citoyens pensionnés lui soit adressé.

La séance est levée à 8 heures.

3 *frimaire* (23 novembre). — La séance est ouverte à 7 h. 1/2, par Le Boucher, maire.

Le cit. Montpley lit un rapport sur les moyens à employer pour mettre en exécution la loi du 28 juin 1793. Il préconise particulièrement l'envoi d'une adresse à la Convention pour demander 300,000 l. absolument nécessaires pour soulager les 16,145 indigents de cette commune. L'agent national arrête le rapporteur pour déclarer que c'est lui qui sera l'organe du Bureau central d'humanité auprès du Conseil général, lequel sera prié d'insister près des Corps administratifs afin d'obtenir cette somme indispensable pour secourir les indigents.

Le Trésorier expose qu'il n'a plus de fonds en caisse pour remplir les avances faites par les fournisseurs et qu'on veuille bien s'occuper de cette situation. Il lui manque 20,000 l., mais le cit. Le Caron veut bien lui en avancer la moitié. L'agent national est invité à demander les 10,000 l. qui manquent au Conseil général.

Il est décidé que les Enfants de la Patrie ne recevront plus de secours puisqu'ils en reçoivent de la Nation, — on ajourne la distribution de tourbe de tan jusqu'à ce que le froid devienne plus rigoureux.

L'agent national se plaint de la désorganisation du B. C. et demande qu'il soit complété. — La séance est levée à 8 h. 1/2.

11 *nivôse* (31 décembre) — La séance est ouverte à 7 h. 1/2, sous la présidence du cit. Le Boucher, maire.

On s'occupe de divers objets faisant partie des secours ordinairement distribués aux indigents : tourbe, charbon et viande. — Les tanneurs seront convoqués pour le lendemain, afin de discuter les prix avec les huit commissaires nommés à cet effet. On devra désigner à chaque bureau, le tanneur chez lequel on devra faire prendre la tourbe. Les mêmes commissaires devront également s'occuper de trouver du charbon et surtout la viande dont le prix vient d'être considérablement augmenté, — de plus, ils devront aviser aux moyens à employer pour distribuer les 1,300 bottes de paille que le B. C. possède.

Sur la proposition d'un membre, il est arrêté que vu la rareté de la viande, les cartes de 2 livres de bouillon délivrées aux malades nécessiteux seront réduites à 1 liv. 1/2, les présidents des B. C. devront en prévenir les administrateurs.

Pour combler le déficit de la caisse, un membre propose une collecte générale en ville, mais cette motion est combattue par un de ses collègues qui appuie son observation sur les démarches que sont chargés de faire, près de la Convention, les membres du Conseil général. — La séance est levée à 8 heures.

1795

16 *nivôse*, an 3ᵉ de la République (5 janv.). — La séance est ouverte à 6 heures sous la présidence de Le Boucher, maire, assisté de Bigot, F. Bissonnais et Moulin, membre du Conseil général, de Le Coutour, agent nat. et des présidents des B. P.

Sur le rapport de la Commission nommée à la dernière séance, il est arrêté : 1° qu'il sera délivré deux tourbes par tête d'indigent, que les bureaux d'humanité en seront avisés ainsi que de la distribution de la paille lorsque la répartition en sera établie.

2° Que vu l'impossibilité de se procurer de la braise chez les boulangers, on tâchera de s'en faire délivrer par l'intermédiaire du cit. Bordenave, chargé des munitions, les Commissaires essayeront également d'en acheter chez les charbonniers, si le prix le permet.

L'Agent national signale que malgré les démarches des Commissaires nommés à cet effet, la Convention nationale n'a pas encore délivré les secours nécessaires, non seulement pour payer les objets qui se délivrent chaque jour, mais aussi pour faire face aux besoins qu'entraînent une saison très rigoureuse. — Après discussion, il est arrêté qu'une collecte générale peut seule permettre de satisfaire de suite les fournisseurs, on invite l'Agent national à solliciter du Conseil général qu'une collecte soit faite sur tout le territoire de la commune. — La séance est levée à 9 heures.

1er *germinal*, an 3e de la République une et indivisible (21 mars). — La séance est ouverte à 6 heures sous la présidence de Le Boucher, maire.

L'Agent national informe l'Assemblée qu'il a reçu une lettre de l'Administrateur du district, en date du 4 ventôse an III (22 fév. 95), lui annonçant qu'une somme de 19,724 l. 15 s. est mise à la disposition du B. C. et que cette lettre contient en plus des tableaux de distribution de ladite somme aux indigents, conformément à la loi du 13 pluv. an II.

Ces tableaux seront imprimés et adressés aux membres des B. P.

L'Agent nat. donne également communication de

deux projets sur le nouveau mode de distribution à employer — 4 Commissaires sont nommés pour les étudier.

On arrête qu'il sera procédé à un nouveau recensement des indigents : les listes comprendront les noms, âge, sexe et profession de chacun ainsi que le montant de leurs salaires, afin d'exclure ceux qui ne doivent pas participer aux secours.

Le Maire observe qu'un grand nombre de femmes réduites à la plus grande détresse ne touchent qu'une demi-livre de pain ; — il propose qu'il leur soit fait à titre de secours extraordinaire, soit une distribution de gros sols, pour leur faciliter l'achat de combustibles, soit des assignats ou une quantité de pain, réglée sur ce qu'elles pourront en avoir besoin.

Il est décidé qu'on attendra, pour en délibérer, jusqu'à la confection des tableaux et les rapports des Commissaires.

An IV

23 *frimaire*, an 4ᵉ de la République (14 nov 95). — La séance est présidée par Lézurier [1], assisté des membres du B. C. et de tous les présidents des B. P. (leurs noms furent ajoutés entre deux lignes après la rédaction du procès-verbal, laquelle du reste donna lieu à une longue rectification insérée à la suite).

[1] *Lézurier* avait été installé maire le 25 brumaire. — Né à Rouen en 1765, il fut fait baron par Napoléon en 1810, et mourut au Val-de-la-Haye en 1852.

Le Président prononce une allocution dans laquelle
il insiste sur les sentiments de ses collègues de l'Administration municipale dont tous les efforts tendent
à soulager de leur mieux la misère des indigents de
la commune « où le malheur des circonstances et les
manœuvres indignes des ennemis du bien public les
multiplient chaque jour » ; — il exhorte aussi les
membres du B. C. et des B. P. de redoubler de zèle
pour remplir le but si louable de leur institution.

Le cit. Vimar, au nom des Commissaires nommés
par l'arrêté du 1ᵉʳ germinal an III, donne lecture de
son rapport sur le mode d'emploi des fonds alloués par
la Convention.

« L'Assemblée Constituante avait formé le dessein
d'abolir la mendicité, en faisant distribuer des secours
à la véritable indigence, la Convention nationale a
pris des mesures générales pour remplir ce but si
désirable, par la loi du 28 juin 1793, et les secours
ont été fixés provisoirement à 10 millions (13 pluv.
an II). La part des indigents de notre commune n'est
que de 19,724 l. 15 s. 1 d. ; mais des secours plus
abondants sont promis pour l'avenir.

» Pour arriver à répartir équitablement cette première somme, il est nécessaire de faire un travail fort
étendu, par la multiplicité des détails, par les distinc-
tions qu'il exige et par ses diverses combinaisons ».

Le Rapporteur conclut que l'Administration municipale ne pouvait se livrer à ce travail à cause de ses
occupations journalières très multipliées et indispen-
sables et qu'il devait incomber aux membres du B. C.

et des B. P. ; il ajoute qu'il présume trop bien du zèle et du dévouement de ses collègues pour n'être certain de les voir partager ses vues à ce sujet.

Le B. C., ouï le Commissaire du pouvoir exécutif, arrête ce qui suit :

Art. Ier. — Le Bureau Central se charge du travail imposé à l'Administration municipale pour la répartition actuelle des secours accordés aux indigents par la loi du 13 pluviôse an II et pour recueillir tous les renseignements propres à connaître l'étendue des besoins pour l'avenir.

Art. II. — Les Administrateurs des B. P. seront invités au nom de l'Humanité à seconder le B. C. dans ce travail intéressant.

Art. III. — Ces Administrateurs dans leurs sections respectives seront chargés du soin de faire les recherches et le dénombrement des individus qui ont droit aux secours, d'indiquer les causes de leur indigence, de prendre tous les renseignements qui peuvent établir quelque différence dans les besoins de chacun d'eux et de recueillir toutes les circonstances dont la connaissance ne peut être acquise que par leur entremise.

Art. IV. — Leur travail sera divisé en deux parties :

La première sera faite au domicile des indigents et comprendra : les enfants qui ont encore leur père et mère ; — les enfants dont le père est mort ou infirme ; — les vieillards indigents.

La 2e sera faite chez le Président de chaque Bureau et comprendra : les enfants qui n'ont plus ni père, ni mère ; — les enfants dont les père et mère ne sont pas connus, et qui sont nourris et élevés par d'autres individus ; — les enfants nés hors le mariage et qui sont éclairés, nourris et entretenus par leur mère indigente.

Art. V. — Les personnes qui prennent soin des enfants, auxquels cette seconde partie du travail est relative, seront averties par un placard de se rendre aux jours indiqués dans le courant d'une décade chez le Président du B. P. de leur arrondissement, pour faire les déclarations nécessaires.

ART. VI. — L'exactitude de ces déclarations sera vérifiée par des visites domiciliaires que feront les Administrateurs.

ART. VII. — Pour guider les Administrateurs dans leur travail, il leur sera envoyé une instruction indicative de tous les détails qu'il doit comprendre et des conditions qui donnent droit aux secours.

ART. VIII. — Chaque Administrateur fera le rapport de sa liste à son Bureau qui vérifiera si elle contient tous les détails nécessaires et qui la fera rectifier si elle n'est pas exacte.

ART. IX. — Après l'examen des listes de chaque Administrateur et la rectification de celles qui se trouvent inexactes, le B. P., dans la forme indiquée par ladite instruction, dressera le tableau de tous les individus indigents qui, domiciliés dans son arrondissement, ont droit aux secours accordés par la Nation.

ART. X. — Les tableaux des Bureaux Particuliers seront rapportés au B. C., et les membres de ce Bureau, après avoir fait les additions requises, composeront le tableau général exigé par la loi.

ART. XI. — Le travail demandé aux Administrateurs des B. P. n'étant qu'une préparation, il sera fait sur papier commun.

Le Rapporteur fait ensuite lecture d'un projet d'instruction conformément à l'art. 7. — Ce projet est adopté, il sera imprimé et envoyé aux B. P., ainsi que l'arrêté qui précède.

L'Assemblée arrête que le Trésorier devra dorénavant se conformer à l'art. 17 de la loi du 20 mai 1791 et ne verser de fonds aux B. P. qu'avec l'autorisation du B. C.

Le Trésorier observe que le Président du 11° Bureau a réclamé depuis 3 jours une somme de

10,000 l. — il demande à être autorisé à la lui payer.
Ce Président présent à la séance, insistant pour le
règlement de cet arriéré, celui du 9ᵉ Bureau réclame,
lui aussi, les sommes dues depuis longtemps.

L'Assemblée devant ces deux demandes décide
qu'il soit payé les 10,000 l. au 11ᵉ B. P., mais que
les sommes dues au 9ᵉ ne seront payées que lorsque
les comptes de ce B. P. seront établis.

Après avoir fixé la date de la prochaine réunion au
27 frimaire, la séance est levée à 9 h. 1/2.

*
*   *

Ici s'arrêtent les procès-verbaux du Bureau Central
d'Humanité, car le compte-rendu de la séance annon-
cée pour le 27 frimaire n'y figure pas.

Ce registre se termine par la copie de l'Instruction
fort détaillée (elle comprend 13 pages in-folio) qui fut
adressée aux Administrateurs des B. P. pour l'établissement des états de renseignements sur les indigents et sur la façon de procéder aux enquêtes.

Malgré les détails minutieux et parfois prolixes que
contient cette Instruction, on y relève de nombreuses
observations qui méritent d'être consignées, tant pour
faire ressortir combien son auteur avait une juste
notion de ce que doit être l'Assistance publique, que
pour montrer que nombre de dispositions mises en vi-
gueur à Rouen, depuis peu, avaient été préconisées et
mises en pratique à cette époque.

Ainsi avant d'indiquer de quelle façon devra être
établi le rapport des Administrateurs des B. P., il

Rapporteur les prie de bien se pénétrer des observations suivantes :

1° La Bienfaisance Nationale ne veut point alimenter les vices, elle refuse ses secours à la paresse et à la débauche. Elle les réserve aux enfants malheureux, aux infirmes, aux vieillards et à l'indigence réelle et involontaire ;

2° Les parents n'ayant pas plus de deux enfants en bas âge n'y participent pas ;

3° Un enfant de 12 ans n'est pas compté, à moins qu'il ne soit infirme ;

4° Un 3e enfant né ou conçu, donne le droit de réclamer des secours ;

5° Pour exercer ce droit, la mère enceinte doit contracter l'obligation d'allaiter son enfant ou, après l'accouchement, prouver par un certificat médical qu'elle ne le peut pas ;

6° Infirmités des parents et enfants ainsi que la grossesse de la mère doivent être constatées par un médecin ;

7°-8° Exiger l'acte de naissance des enfants et actes mortuaires des père et mère dont on alléguera le décès ;

9° Ces pièces justificatives seront délivrées gratuitement par l'Administration municipale ;

10° Les parents des défenseurs de la Patrie, les pensionnés de la République et tous ceux qui toucheront des secours d'elle, s'ils se montent à 120 l., ne pourront être compris parmi ces ayants-droit.

Puis il désigne ainsi comment ils devront distinguer les causes d'indigence dépendantes ou non de la conduite ou de la moralité des personnes :

Manquement de travail. — Insuffisance de gains. — Fainéantise ou débauche. — Maladie curable. — Maladie incurable ;

Si un enfant est allaité par sa mère ou une nourrice, en faire mention ;

En cas de grossesse, en indiquer l'époque, etc.

Pour les enfants nés hors du mariage — indiquer en plus du nom de la mère, l'âge et le sexe des enfants, les causes de l'indigence de la mère, ses mœurs, sa conduite, la tenue des enfants.

Le Rapporteur termine son instruction en indiquant le seul moyen pratique à employer pour obtenir une répartition juste et équitable des secours dans les B. P.

Jusqu'alors, ces B. P. agissaient à leur guise, distribuant plus ou moins selon leur fantaisie, le pain, la viande et divers objets, sans s'inquiéter si les ressources du B. C. pouvaient suffire. Il en résultait des abus et des injustices qui faisaient des mécontents, les indigents de certains Bureaux recevant plus de secours que dans d'autres.

Il préconisa une organisation nouvelle qui, depuis est toujours en usage; celle de confier au B. C., composé de 12 membres du Conseil général et de 12 citoyens pris dans les différents quartiers, le soin de répartir lui-même dans chaque Bureau, sur les rapports des Administrateurs des B. P., les secours à distribuer aux malheureux, se réservant d'augmenter ou de diminuer les secours demandés pour chaque indigent ou même de les supprimer complètement.

Ce Bureau Central d'Humanité dura jusqu'au 13 nivôse an V (2 janv. 97), époque où il fut créé

12 Bureaux de bienfaisance correspondant aux 12 arrondissements de Police. Cette organisation dura sept ans pour en revenir à peu de choses près au système employé pendant la Révolution[1].

[1] Voir : *M. F. Girod*. — Réorganisation des Dispensaires, Rouen, 1908.

www.ingramcontent.com/pod-product-compliance
Lightning Source LLC
Chambersburg PA
CBHW070950280326

41934CB00009B/2052